황금알을 낳는 거위

下金蛋的鹅
Xià jīndàn de é

일러두기 ♡

☆ 내가 알고 있는 이야기를 중국어로 읽어보자!!

재미있는 세계 명작 이야기를 예쁜 그림, 쉬운 표현으로
읽다 보면 중국어 실력도 쑥쑥 늘어날 거에요.
배운 내용은 다양한 문제로 풀어보기도 하고 친구들과
함께 간단한 역할극을 하며 동화 속 주인공이 되어 읽어
보아요.

☆ QR로 듣고 보는 이야기책!!

책에 있는 QR코드로 모
든 음원을 스마트폰으로
바로 보고 들을 수 있어요.
▶ 동영상은 유튜브에
서 "중국어세계명작"을
검색하세요.

QR 음원 듣기

QR 동영상 보기

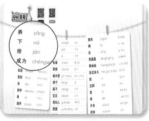

단어도 익혀요.

주인공소개 ☆

농부

심성은 나쁘지 않으나 아내의 말에 휘둘려서 어리석은 선택을 한다.

아내

황금알을 낳는 거위를 보고 욕심이 생겨서 남편을 설득해 결국 거위를 죽게 만든다.

거위

우연히 황금알을 낳게 되었지만 주인들의 허황된 욕심에 슬픈 결말을 맞게 된다.

农夫和他的妻子养了一只鹅。
Nóngfū hé tā de qīzi yǎngle yì zhī é.

农夫 nóngfū 농부
妻子 qīzi 아내
养 yǎng 기르다
鹅 é 거위

一天， 这只鹅竟然下了一个金蛋，
Yì tiān, zhè zhī é jìngrán xiàle yí ge jīndàn,

夫妇俩高兴坏了[1]。
fūfù liǎ gāoxìng huài le.

1 ~坏了~huài le 매우 ~하다

竟然 jìngrán 뜻밖에도
下 xià 알을 낳다
金蛋 jīndàn 황금알
俩 liǎ 두 사람

5

每天早晨，他们总能在草窝里捡到一个亮晶晶、
Měitiān zǎochen, tāmen zǒng néng zài cǎowō li jiǎndào yí ge liàngjīngjīng、

黄灿灿的金蛋。
huángcàncàn de jīndàn.

总 zǒng 늘, 항상
草窝 cǎowō 둥지
捡 jiǎn 줍다
亮晶晶 liàngjīngjīng 반짝반짝
黄灿灿 huángcàncàn 노르스름한

6

没过多久，妻子对农夫说:
Méi guò duōjiǔ, qīzi duì nóngfū shuō:

"我住腻了这间破木屋，我想马上住在一间大房子里。
"Wǒ zhùnìle zhè jiān pò mùwū, wǒ xiǎng mǎshàng zhù zài yì jiān dà fángzi lǐ.

没过多久 Méi guò duōjiǔ 얼마 후
腻 nì 질리다
破木屋 pò mùwū 낡은 나무집
房子 fángzi 집

7

我还想有一大箱子的宝石。我要立刻成为一个贵妇人。"

Wǒ hái xiǎng yǒu yí dà xiāngzi de bǎoshí. Wǒ yào lìkè chéngwéi yí ge guìfùrén."

箱子 xiāngzi 상자
宝石 bǎoshí 보석
立刻 lìkè 바로
成为 chéngwéi ~이(가) 되다
贵妇人 guìfùrén 귀부인

8

农夫说:

Nóngfū shuō:

"我相信这只鹅会使我们富起来的,

"Wǒ xiāngxìn zhè zhī é huì shǐ wǒmen fù qǐlái de,

你的愿望会实现的。"

nǐ de yuànwàng huì shíxiàn de."

使 shǐ ~하게 하다
富 fù 부유하다
愿望 yuànwàng 소원
实现 shíxiàn 이루어지다

妻子说："一天只下一个金蛋，这太慢了。

Qīzi shuō: "Yì tiān zhǐ xià yí ge jīndàn, zhè tài màn le.

我得等到什么时候才能发财呀！"

Wǒ děi děngdào shénme shíhòu cái néng fācái ya!"

得 děi ~해야 한다
发财 fācái 부자가 되다

农夫说："可是，除此之外²还有什么办法呢？"
Nóngfū shuō: "Kěshì, chúcǐ zhī wài hái yǒu shénme bànfǎ ne?"

妻子说："我想鹅肚子里一定有许多金蛋。
Qīzi shuō: "Wǒ xiǎng é dùzi li yídìng yǒu xǔduō jīndàn.

2 除此之外 chúcǐ zhī wài 이것 이외에

肚子 dùzi 배
许多 xǔduō 매우 많다

我们干吗要³
Wǒmen gànmá yào

一辈子等着它下蛋呢?
yíbèizi děngzhe tā xià dàn ne?

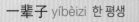 一辈子 yíbèizi 한 평생

3 干吗要~ gànmá yào~ 왜 굳이 ~해야 하나

12

把鹅杀了，
Bǎ é shā le,

所有的金子就可以一下到手了。”
suǒyǒu de jīnzi jiù kěyǐ yí xià dàoshǒu le.”

杀 shā 죽이다
所有 suǒyǒu 모든
一下 yí xià 단시간에
到手 dàoshǒu 손에 넣다

农夫说："对啊，我为什么没想到呢！
Nóngfū shuō: "Duì a, wǒ wèishénme méi xiǎngdào ne!

如果是这样，我想要一大片的田地。"
Rúguǒ shì zhèyàng, wǒ xiǎng yào yí dà piàn de tiándì."

如果 rúguǒ 만약
田地 tiándì 논밭

14

妻子说:"想发财, 还不快去拿刀!"

Qīzi shuō: "Xiǎng fācái, hái bú kuài qù ná dāo!"

拿 ná 가지다
刀 dāo 칼

16

他们把鹅杀了，剖开一看，
Tāmen bǎ é shā le,　pōukāi yí kàn,

它的肚子和别的鹅一样，
tā de dùzi　hé bié de é yíyàng,

连金蛋的影子也没有[4]。
lián jīndàn de yǐngzi　yě méi yǒu.

4 连~也没有 lián~yě méi yǒu ~조차도 없다

剖开 pōukāi 가르다
影子 yǐngzi 그림자

19

农夫伤心地说：

Nóngfū shāngxīn de shuō:

"现在无论⁵快慢，我们都富不了啦！"

"Xiànzài wúlùn kuài màn, wǒmen dōu fùbuliǎo la!"

5 无论 wúlùn ~와 상관없이

Track 10　동영상 보기

养	yǎng	기르다
下	xià	알을 낳다
捡	jiǎn	줍다
成为	chéngwéi	~이(가) 되다
使	shǐ	~하게 하다
实现	shíxiàn	이루어지다
发财	fācái	부자가 되다
杀	shā	죽이다
到手	dàoshǒu	손에 넣다
拿	ná	가지다
剖开	pōukāi	가르다

农夫	nóngfū	농부
妻子	qīzi	아내
鹅	é	거위
金蛋	jīndàn	황금알
草窝	cǎowō	둥지
破木屋	pò mùwū	낡은 나무집
房子	fángzi	집
箱子	xiāngzi	상자
宝石	bǎoshí	보석
贵妇人	guìfùrén	귀부인
愿望	yuànwàng	소원
肚子	dùzi	배
一辈子	yíbèizi	한 평생
田地	tiándì	논밭
刀	dāo	칼
影子	yǐngzi	그림자

竟然	jìngrán	뜻밖에도
俩	liǎ	두 사람
总	zǒng	늘, 항상
亮晶晶	liàngjīngjīng	반짝반짝
黄灿灿	huángcàncàn	노르스름한
没过多久	méi guò duōjiǔ	얼마 후
腻	nì	질리다
立刻	lìkè	바로
富	fù	부유하다
得	děi	~해야 한다
许多	xǔduō	매우 많다
所有	suǒyǒu	모든
一下	yí xià	단시간에
如果	rúguǒ	만약

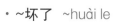

· ~坏了	~huài le	매우 ~하다	· 连~也没有	lián~yě méi yǒu	~조차도 없다
· 除此之外	chúcǐ zhī wài	이것 이외에	· 无论	wúlùn	~과 상관없이
· 干吗要~	gànmá yào~	왜 굳이~해야 하나			

풀어 보아요

1 병음을 읽고 알맞은 그림과 한자를 연결하세요.

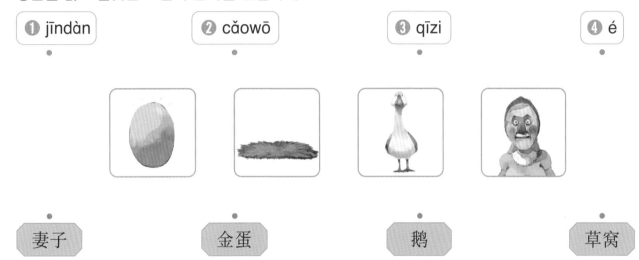

- **1** jīndàn
- **2** cǎowō
- **3** qīzi
- **4** é

妻子　　　　金蛋　　　　鹅　　　　草窝

2 보기의 단어를 나타내는 그림을 찾아 미로를 탈출하세요.

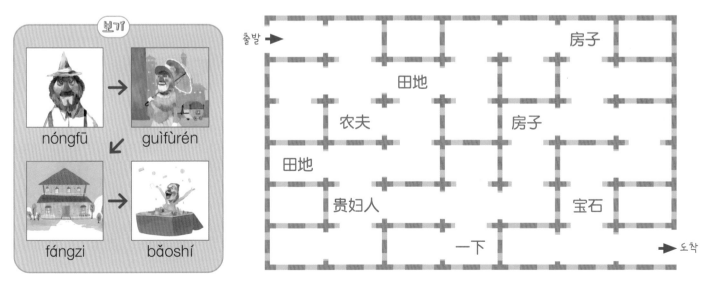

보기

nóngfū → guìfùrén

↓

fángzi → bǎoshí

출발 →

房子

田地

农夫　　　房子

田地

贵妇人　　　宝石

一下

→ 도착

보기ㆍ ⓐ发财 ⓑ无论 ⓒ亮晶晶 ⓓ富起来 ⓔ太慢

---

1 매일 아침 그들은 둥지에서 반짝반짝 노랗게 빛나는 황금알을 하나씩 꺼냈어요.

每天早晨，他们总能在草窝里捡到一个（　　）、黄灿灿的金蛋。

Měitiān zǎochen tāmen zǒng néng zài cǎowō lǐ jiǎndào yí ge liàngjīngjīng、huángcàncàn de jīndàn.

---

2 "난 이 거위가 우리를 부자로 만들어 줄 거라 믿어요. 그럼 당신의 소원도 이루어질 거예요."

"我相信这只鹅会使我们（　　）的，你的愿望会实现的。"

"Wǒ xiāngxìn zhè zhī é huì shǐ wǒmen fù qǐlái de, nǐ de yuànwàng huì shíxiàn de."

---

3 "하루에 하나씩만 황금알을 낳는 건 너무 늦다고요."

"一天只下一个金蛋，这（　　）了。"

"Yī tiān zhǐ xià yí ge jīndàn, zhè tài màn le."

---

4 "언제까지 기다려야 부자가 되겠어요!"

"我得等到什么时候才能（　　）呀！"

"Wǒ děi děngdào shénme shíhòu cái néng fācái ya!"

---

5 농부는 슬퍼하며 말했어요. "이제는 빨리는커녕 부자가 되기는 다 글렀어요."

农夫伤心地说："现在（　　）快慢，我们都富不了啦！"

Nóngfū shāngxīn de shuō: "Xiànzài wúlùn kuài màn, wǒmen dōu fùbuliǎo la!"

궁금해요 이야기를 읽고 다음 질문에 알맞은 답을 고르세요.

---

1 农夫养的鹅下了什么蛋? 농부가 키우는 거위는 어떤 알을 낳았나요?
Nóngfū yǎng de é xiàle shénme dàn?

❶ 金蛋
jīndàn

❷ 鸭蛋
yādàn

❸ 鸡蛋
jīdàn

---

2 农夫的妻子想住在哪里? 농부의 아내는 어디에서 살고 싶어하나요?
Nóngfū de qīzi xiǎng zhù zài nǎli?

❶ 破木屋
pò mùwō

❷ 皇宫
huánggōng

❸ 大房子
dà fángzi

---

3 农夫说什么会使他们富起来? 농부는 무엇이 그들을 부자로 만들어 줄 거라고 했나요?
Nóngfū shuō shénme huì shǐ tāmen fù qǐlái?

❶ 马
mǎ

❷ 鹅
é

❸ 狗
gǒu

---

4 农夫和妻子把鹅怎么做了呢? 농부와 아내는 거위를 어떻게 했나요?
Nóngfū hé qīzi bǎ é zěnme zuò le ne?

❶ 杀了。
Shā le.

❷ 卖了。
Mài le.

❸ 吃了。
Chī le.

---

5 如果发财, 农夫想要什么? 부자가 되면 농부가 갖고 싶어한 것은 무엇인가요?
Rúguǒ fācái, nóngfū xiǎng yào shénme?

❶ 宝石
bǎoshí

❷ 田地
tiándì

❸ 衣服
yīfu

그림을 보고 상황에 맞는 표현을 연결해 보세요.

①

鹅下了一个金蛋，
É xiàle yí ge jīndàn,

夫妇俩高兴坏了。
fūfù liǎ gāoxìng huài le.

②

剖开一看，
Pōukāi yí kàn,

它的肚子和别的鹅一样。
tā de dùzi hé bié de é yíyàng.

③

农夫说：“可是，
Nóngfū shuō: “Kěshì

除此之外还有什么办法呢？”
chúcǐ zhī wài háiyǒu shénme bànfǎ ne?”

어린이
친구들!!

농부와 그의 아내는 욕심 때문에 부자가 될 기회를 영원히 잃어버렸어요. 우리는 자기를 조절하는 힘을 키우고 지금 가지고 있는 것에 만족해야 해요.

农夫和他的妻子由于贪心，永远失去了可以发财的机会。
Nóngfū hé tā de qīzi yóuyú tānxīn, yǒngyuǎn shīqùle kěyǐ fācái de jīhuì.

我们要增强自我控制的能力，满足于现有的东西。
Wǒmen yào zēngqiáng zìwǒ kòngzhì de nénglì, mǎnzú yú xiànyǒu de dōngxi.

이야기를 만들어 보아요   앞에서 읽은 이야기의 순서에 맞게 번호를 써 보세요.

妻子说: Qīzi shuō: "把鹅杀了，所有的金子就可以一下到手了。" "Bǎ é shā le, suǒyǒu de jīnzi jiù kěyǐ yí xià dàoshǒu le."	
这只鹅每天下了一个金蛋，夫妇俩高兴坏了。 Zhè zhī é měitiān xiàle yí ge jīndàn, fūfù liǎ gāoxìng huài le.	
农夫和他的妻子养了一只鹅。 Nóngfū hé tā de qīzi yǎngle yì zhī é.	
农夫伤心地说: Nóngfū shāngxīn de shuō: "现在无论快慢，我们都富不了啦！" "Xiànzài wúlùn kuài màn, wǒmen dōu fùbuliǎo la!"	
他们把鹅杀了，它的肚子里连金蛋的影子也没有。 Tāmen bǎ é shā le, tā de dùzi li lián jīndàn de yǐngzi yě méi yǒu.	

왼쪽과 오른쪽 그림을 보고 어디가 다른지 찾아보세요. (총 5개)

등장인물 나레이션 / 농부 / 아내
상황설명 거위가 황금알을 낳는 모습을 농부와 아내가 보고 있는 장면

나레이션	农夫和他的妻子养了一只鹅。 Nóngfū hé tā de qīzi yǎngle yì zhī é. 한 농부와 그의 아내가 거위 한 마리를 키우고 있었어요. 一天，这只鹅竟然下了一个金蛋。 Yì tiān, zhè zhī é jìngrán xiàle yí ge jīndàn. 어느 날 이 거위가 갑자기 황금알을 하나 낳았어요.
농부	(매우 놀라며 기뻐한다) "你看看，我们的鹅下金蛋啦。" "Nǐ kànkan, wǒmen de é xià jīndàn la." 이것 좀 봐요. 우리 거위가 황금알을 낳았어요.
나레이션	每天早晨，他们总能捡到一个亮晶晶、黄灿灿的金蛋。 Měitiān zǎochen, tāmen zǒng néng jiǎndào yí ge liàngjīngjīng, huángcàncàn de jīndàn. 매일 아침 그들은 반짝반짝 노랗게 빛나는 황금알을 하나씩 꺼냈어요.
아내	"我想马上住在一间大房子里。" "Wǒ xiǎng mǎshàng zhù zài yì jiān dà fángzi li." 나는 당장 큰 집에서 살고 싶어요. "我要立刻成为一个贵妇人。" "Wǒ yào lìkè chéngwéi yí ge guìfùrén." 얼른 귀부인이 되어야 겠어요.
농부	(황금알을 보며 흐뭇한 표정을 지으며) "我相信这只鹅会使我们富起来的。" "Wǒ xiāngxìn zhè zhī é huì shǐ wǒmen fù qǐlái de." 난 이 거위가 우리를 부자로 만들어 줄 거라 믿어요.

등장인물 나레이션 / 아내 / 농부
상황설명 아내가 거위를 보며 불평하는 장면

나레이션	过几天，农夫的妻子很不满地说。 Guò jǐ tiān, nóngfū de qīzi hěn bù mǎn de shuō. 며칠 뒤 농부의 아내는 불만에 가득 차 말했어요.
아내	(불만에 찬 얼굴로) "一天只下一个金蛋，这太慢了。 "Yì tiān zhǐ xià yí ge jīndàn, zhè tài màn le. 하루에 하나씩만 황금알을 낳는 건 너무 늦어요. 我得等到什么时候才能发财呀！" "Wǒ děi děngdào shénme shíhòu cái néng fācái ya!" 언제까지 기다려야 부자가 될 수 있겠냐구요!
농부	"可是，除此之外还有什么办法呢？" "Kěshì, chúcǐ zhī wài hái yǒu shénme bànfǎ ne?" 그렇지만 그 외에 어떤 다른 방법이 있겠소?
아내	"我想鹅肚子里一定有许多金蛋。" "Wǒ xiǎng é dùzi li yídìng yǒu xǔduō jīndàn." 거위 뱃속에 반드시 황금알이 가득 차 있을 거예요.
농부	"对啊，我为什么没想到呢！快去拿刀吧！" "Duì a, wǒ wèishénme méi xiǎngdào ne! Kuài qù ná dāo ba!" 맞아요. 내가 왜 그 생각을 못했을까요! 얼른 가서 칼을 가져와요!
나레이션	他们把鹅的肚剖开一看，连金蛋的影子也没有。 Tāmen bǎ é de dùzi pōukāi yí kàn, lián jīndàn de yǐngzi yě méi yǒu. 그들이 거위의 배를 갈라놓고 보니 황금알 그림자도 안 보였어요.
농부	(실망한 얼굴로) "现在无论快慢，我们都富不了啦！" "Xiànzài wúlùn kuài màn, wǒmen dōu fùbuliǎo la!" 이제는 빨리는커녕 부자가 되기는 다 글렀군요..!

p.4 한 농부와 그의 아내가 거위 한 마리를 키우고 있었어요.

p.5 어느 날 이 거위가 갑자기 황금알을 하나 낳았어요. 부부는 매우 기뻤어요.

p.6 매일 아침 그들은 둥지에서 반짝반짝 노랗게 빛나는 황금알을 하나씩 꺼냈어요.

p.7 얼마 후 아내는 농부에게 말했어요.
"난 이 낡은 나무집에 사는 데에 질렸어요. 나는 당장 큰 집에서 살고 싶단 말이에요.

p.8 보석이 담긴 큰 상자도 갖고 싶어요. 얼른 귀부인이 되어야겠어요."

p.9 농부가 말했어요.
"난 이 거위가 우리를 부자로 만들어 줄 거라 믿어요. 그럼 당신의 소원도 이루어질 거예요."

p.10 아내가 말했어요.
"하루에 하나씩만 황금알을 낳는 건 너무 늦다고요. 언제까지 기다려야 부자가 되겠어요!"

p.11 농부가 말했어요. "그렇지만 그 외에 어떤 방법이 있겠소?"
아내가 말했어요. "거위 뱃속에 반드시 황금알이 가득 차 있을 거예요.

p.12 그런데도 굳이 평생 거위가 알을 낳기만 기다려야 할까요?

p.13 거위를 잡으면 금을 전부 다 한꺼번에 손에 넣을 수 있다고요."

p.14 농부가 말했어요. "그래요. 내가 그 생각을 못했네요. 만약에 그렇다면 난 넓은 농지를 갖고 싶어요."

p.16 부인이 말했어요. "부자가 되고 싶으면 얼른 가서 칼을 가져와요."

p.19 그들이 거위를 죽이고 배를 갈라놓고 보니 거위 뱃속에는 다른 거위와 마찬가지로 황금알 그림자도 안 보였어요.

p.20 농부는 마음이 상해서 말했어요. "이제는 빨리는커녕 부자가 되기는 다 글렀어요."

P.4　农夫和他的妻子养了一只鹅。

P.5　一天，这只鹅竟然下了一个金蛋，夫妇俩高兴坏了。

P.6　每天早晨，他们总能在草窝里捡到一个亮晶晶、黄灿灿的金蛋。

P.7　没过多久，妻子对农夫说：
"我住腻了这间破木屋，我想马上住在一间大房子里。

P.8　我还想有一大箱子的宝石。我要立刻成为一个贵妇人。"

P.9　农夫说：
"我相信这只鹅会使我们富起来的，你的愿望会实现的。"

P.10　妻子说：
"一天只下一个金蛋，这太慢了。我得等到什么时候才能发财呀！"

P.11　农夫说："可是，除此之外还有什么办法呢？"
妻子说："我想鹅肚子里一定有许多金蛋。

P.12　我们干吗要一辈子等着它下蛋呢？

P.13　把鹅杀了，所有的金子就可以一下到手了。"

P.14　农夫说："对啊，我为什么没想到呢！如果是这样，我想要一大片的田地。"

P.16　妻子说："想发财，还不快去拿刀！"

P.19　他们把鹅杀了，剖开一看，它的肚子和别的鹅一样，连金蛋的影子也没有。

P.20　农夫伤心地说："现在无论快慢，我们都富不了啦！"

정답
확인

풀어 보아요 p.23

1   ❶ jīndàn   ❷ cǎowō   ❸ qīzi   ❹ é

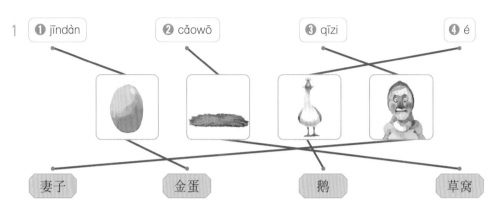

妻子   金蛋   鹅   草窝

2

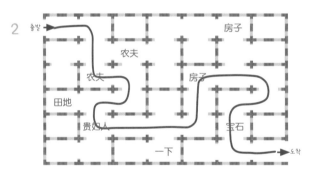

듣고 말해요 p.24

1   ⓒ
2   ⓓ
3   ⓔ
4   ⓐ
5   ⓑ

궁금해요 p.25

1   ❶
2   ❸
3   ❷
4   ❶
5   ❷

① 鹅下了一个金蛋，
É xiàle yí ge jīndàn,
夫妇俩高兴坏了。
fūfù liǎ gāoxìng huài le.

② 剖开一看，
Pōukāi yí kàn,
它的肚子和别的鹅一样。
tā de dùzi hé bié de é yíyàng.

③ 农夫说："可是，
Nóngfū shuō:"Kěshì
除此之外还有什么办法呢？"
chúcǐ zhī wài háiyǒu shénme bànfǎ ne?"

	妻子说： Qīzi shuō: "把鹅杀了，所有的金子就可以一下到手了。" "Bǎ é shā le, suǒyǒu de jīnzi jiù kěyǐ yí xià dàoshǒu le."	3
	这只鹅每天下了一个金蛋，夫妇俩高兴坏了。 Zhè zhī é měitiān xiàle yí ge jīndàn, fūfù liǎ gāoxìng huài le.	2
	农夫和他的妻子养了一只鹅。 Nóngfū hé tā de qīzi yǎngle yì zhī é.	1
	农夫伤心地说： Nóngfū shāngxīn de shuō: "现在无论快慢，我们都富不了啦！" "Xiànzài wúlùn kuài màn, wǒmen dōu fùbuliǎo la!"	5
	他们把鹅杀了，它的肚子里连金蛋的影子也没有。 Tāmen bǎ é shā le, tā de dùzi li lián jīndàn de yǐngzi yě méi yǒu.	4

편저　　정선화

이화여자대학교 통역번역대학원 한중과 졸업
前 공자아카데미 신HSK 4급 동영상 강의
現 CJ E&M 등 기업체 출강
現 프리랜서 통번역사 활동

중국어 세계 명작 시리즈 ❷

황금알을 낳는 거위　下金蛋的鹅
Xià jīndàn de é

개정2판1쇄	2023년 12월 1일
편저	정선화
삽화	김유강
내용책임	이은아
발행인	이기선
발행처	제이플러스
주소	서울시 마포구 월드컵로 31길 62
전화	02-332-8320
등록번호	제10-1680호
등록일자	1998년 12월 9일
홈페이지	www.jplus114.com
ISBN	979-11-5601-243-6

값 16,000원